ED EMBERLEY
Desenhando MONSTROS

4ª impressão

PANDA BOOKS

© Edward R. Emberley

Esta edição foi publicada com a autorização da Little, Brown and Company (Inc), Nova York, NY, EUA. Todos os direitos reservados.

Diretor editorial
Marcelo Duarte

Diagramação
Ana Miadaira

Diretora comercial
Patty Pachas

Impressão
Corprint

Diretora de projetos especiais
Tatiana Fulas

Coordenadora editorial
Vanessa Sayuri Sawada

Assistentes editoriais
Juliana Silva
Mayara dos Santos Freitas

Assistente de arte
Carolina Ferreira

CIP-BRASIL. CATALOGAÇÃO NA FONTE
SINDICATO NACIONAL DOS EDITORES DE LIVROS, RJ

Emberley, Ed, 1931-
Desenhando monstros/ Ed Emberley; [tradução Tatiana Fulas]. – São Paulo: Panda Books, 2008. 36 pp.
il. ;

Tradução de: Drawing book of weirdos
ISBN: 978-85-88948-63-1

1. Monstros na arte – Literatura infantojuvenil. 2. Desenho – Técnica – Literatura infantojuvenil. I. Título.

08-0335　　　　　　　　　　　　　　　CDD: 741.2
　　　　　　　　　　　　　　　　　　　CDU: 741.02

2015
Todos os direitos reservados à Panda Books.
Um selo da Editora Original Ltda.
Rua Henrique Schaumann, 286, cj. 41
05413-010 – São Paulo – SP
Tel./Fax: (11) 3088-8444
edoriginal@pandabooks.com.br
www.pandabooks.com.br
Visite nosso Facebook, Instagram e Twitter.

Nenhuma parte desta publicação poderá ser reproduzida por qualquer meio ou forma sem a prévia autorização da Editora Original Ltda. A violação dos direitos autorais é crime estabelecido na Lei nº 9.610/98 e punido pelo artigo 184 do Código Penal.

SE VOCÊ CONSEGUE DESENHAR ISTO, VOCÊ SERÁ CAPAZ DE DESENHAR TODAS AS COISAS DESTE LIVRO.

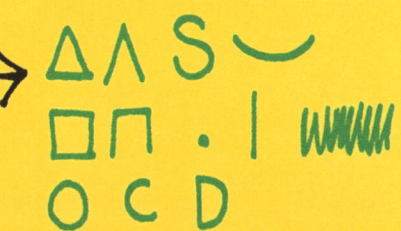

POR EXEMPLO:

ESTA LINHA MOSTRA O QUE DESENHAR

A LINHA DE CIMA MOSTRA ONDE COLOCAR

DRÁCULA

VAMPIRO

DIABINHO

GATO PRETO

FRANKENSTEIN

8

BRUXA

LOBISOMEM

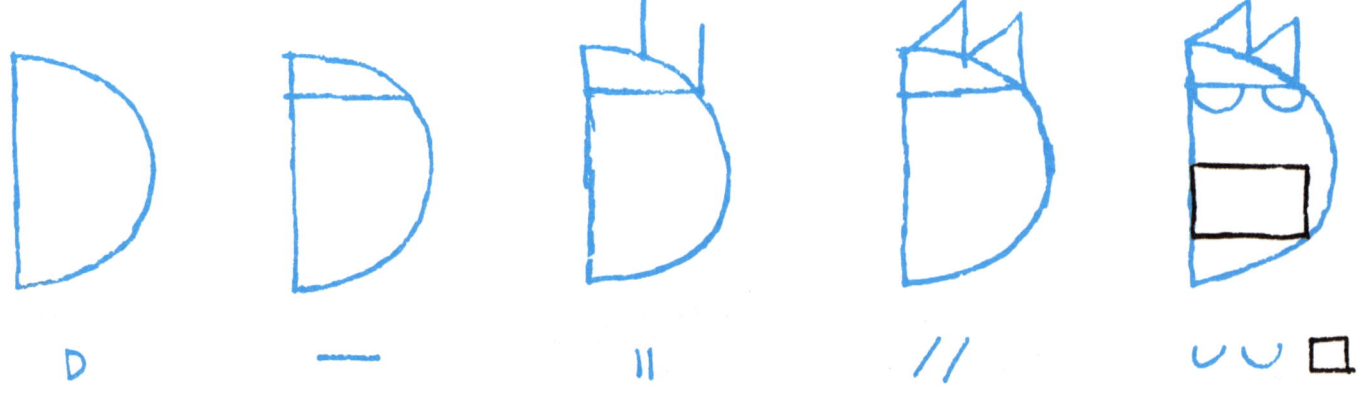

DIABO

MORTIÇA

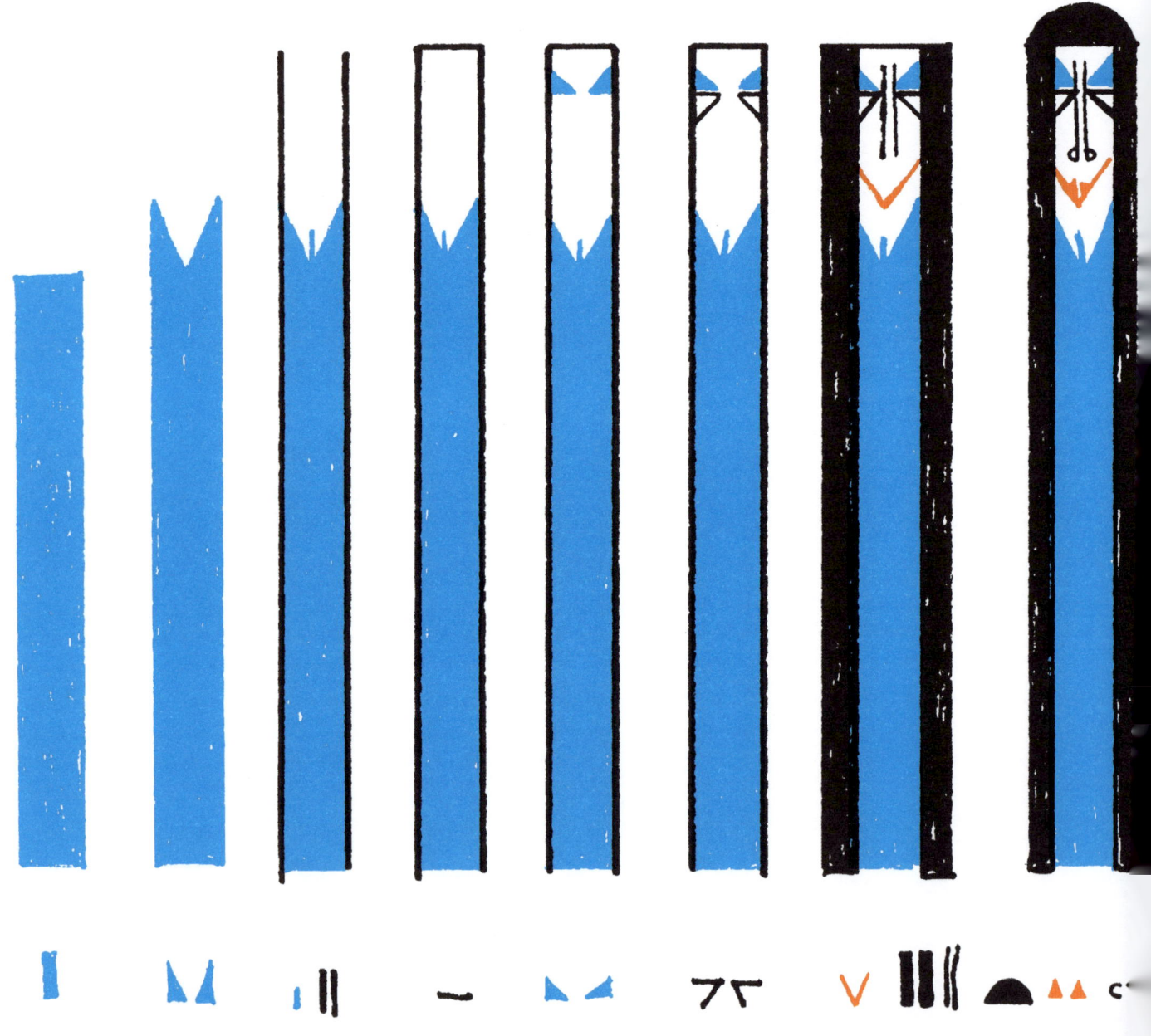

VAMPIRO

GODZILA

KING KONG

NAPOLEÃO BONAPARTE

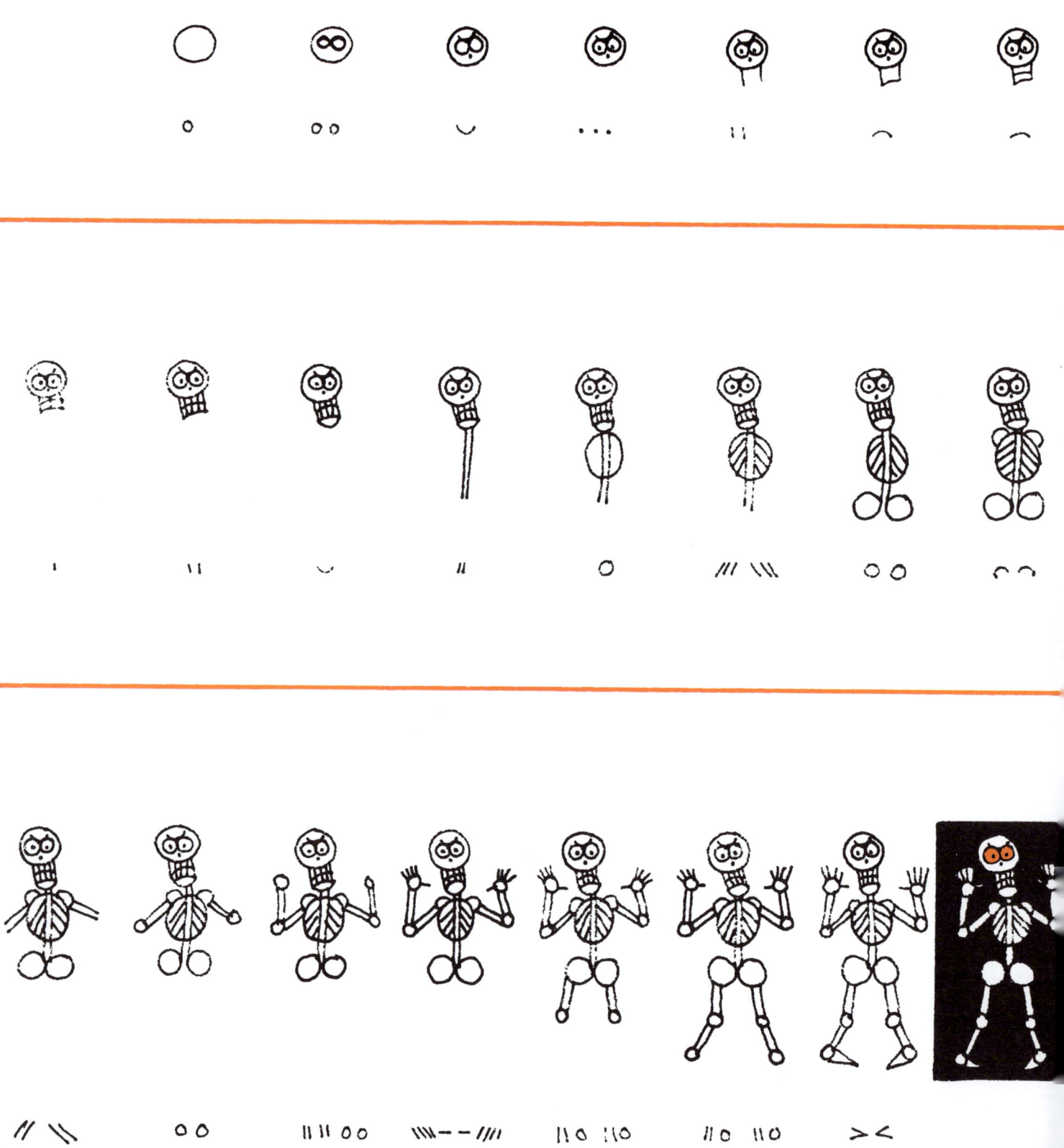

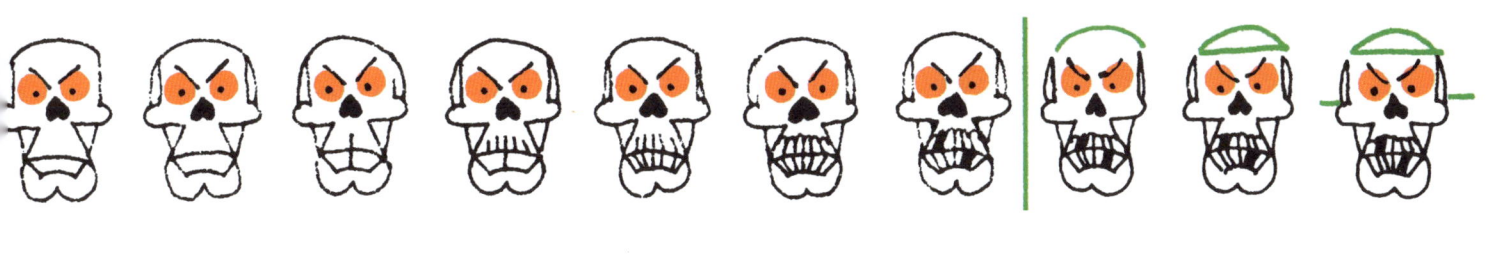

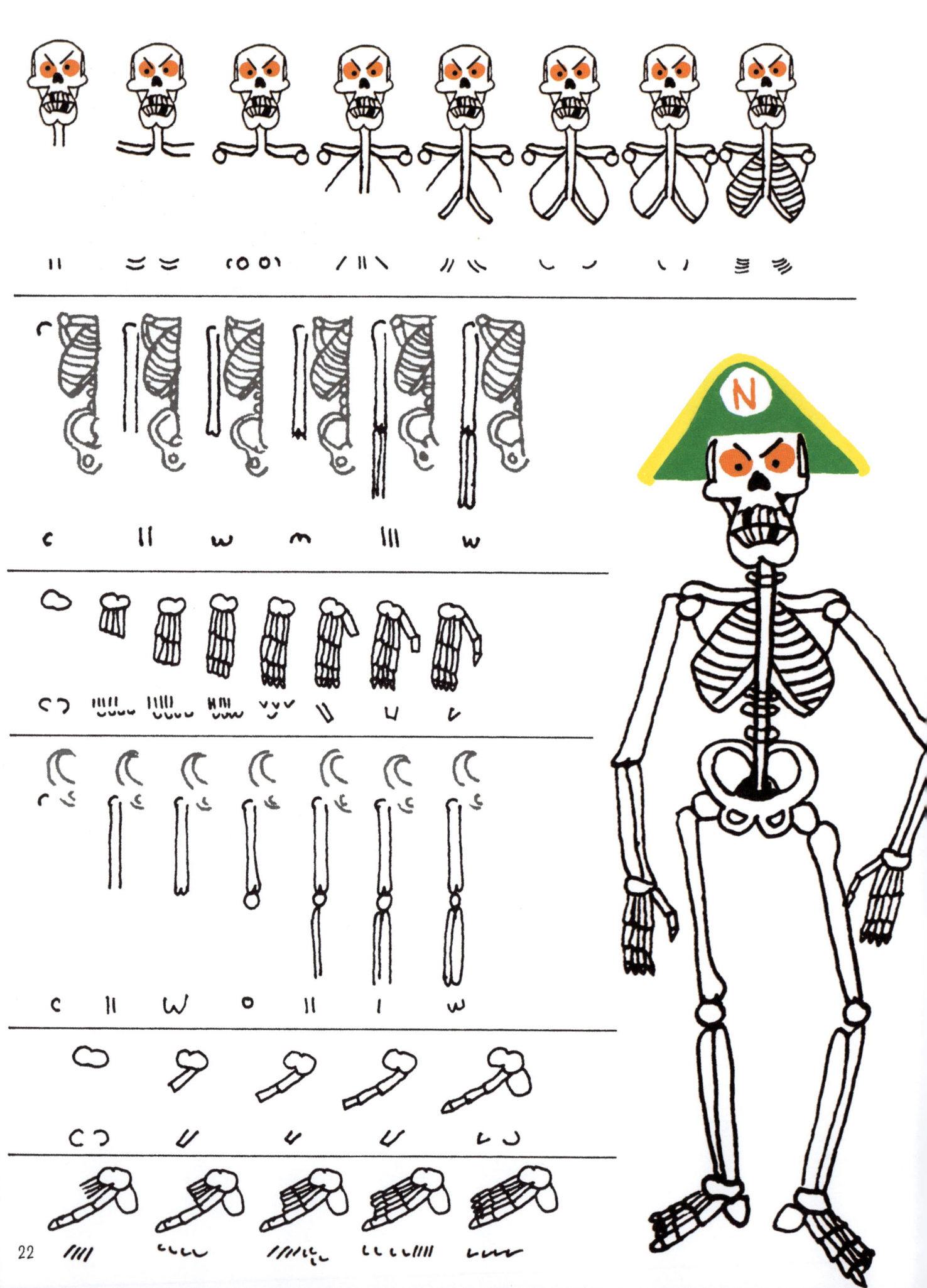

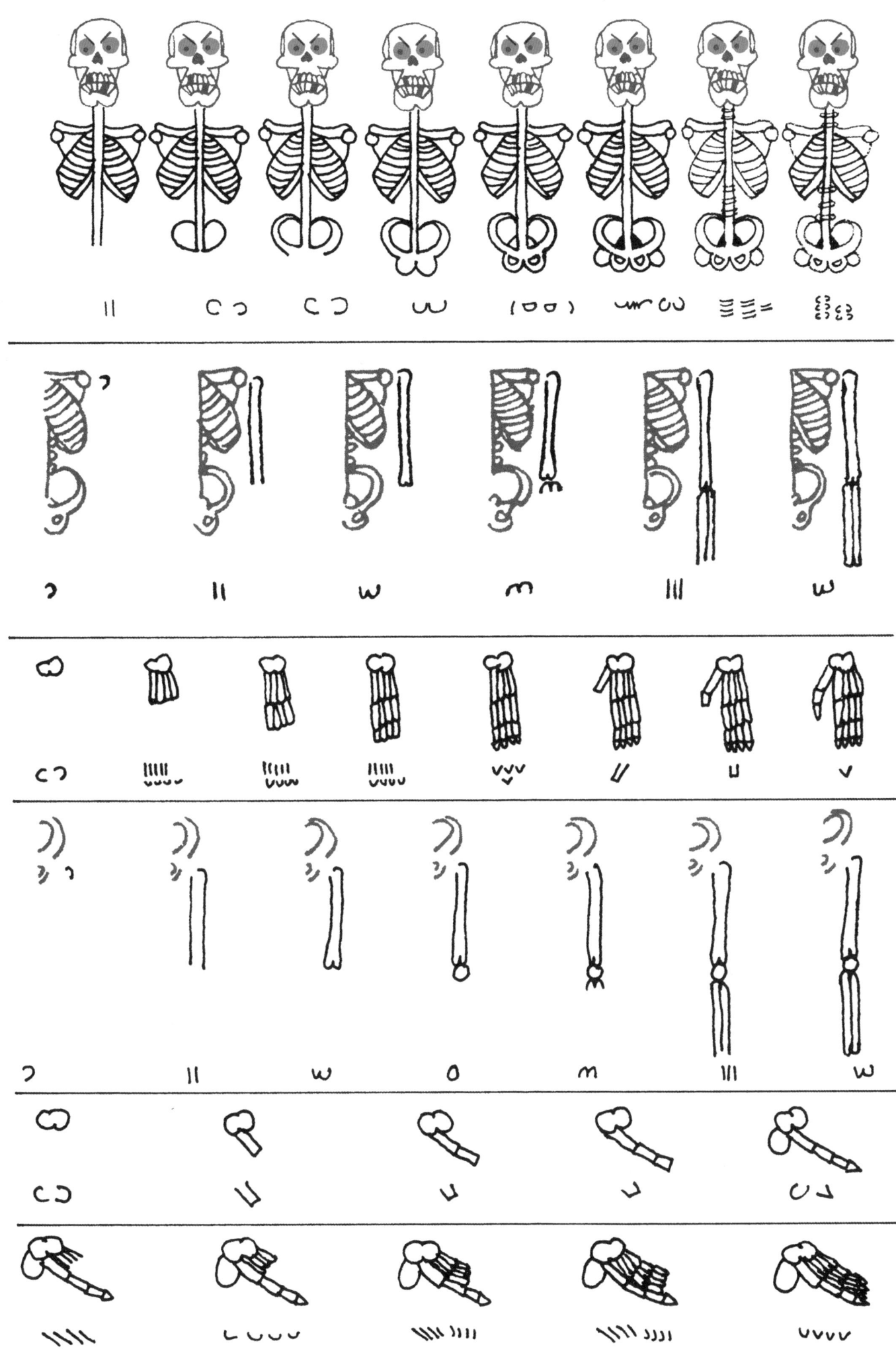

VAMPIRO

DOUTOR HIDE

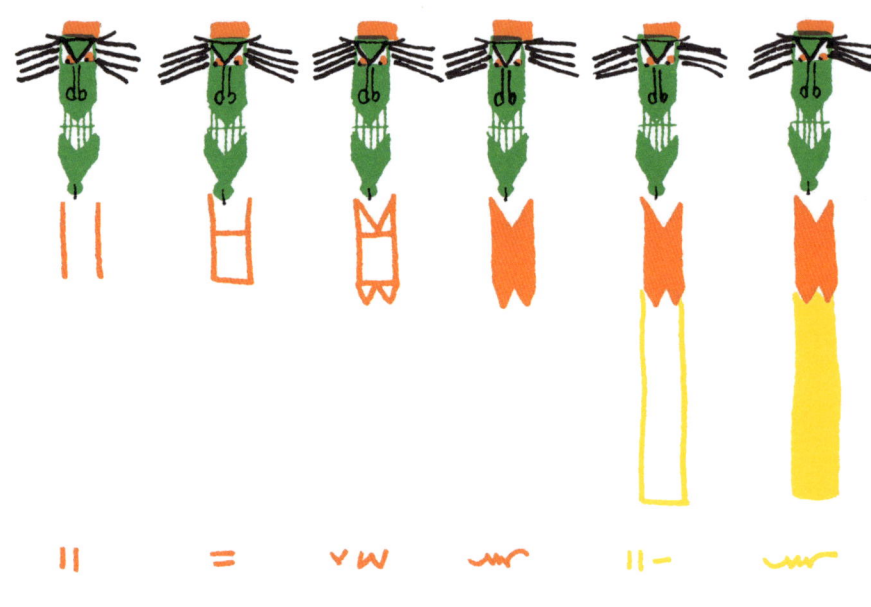
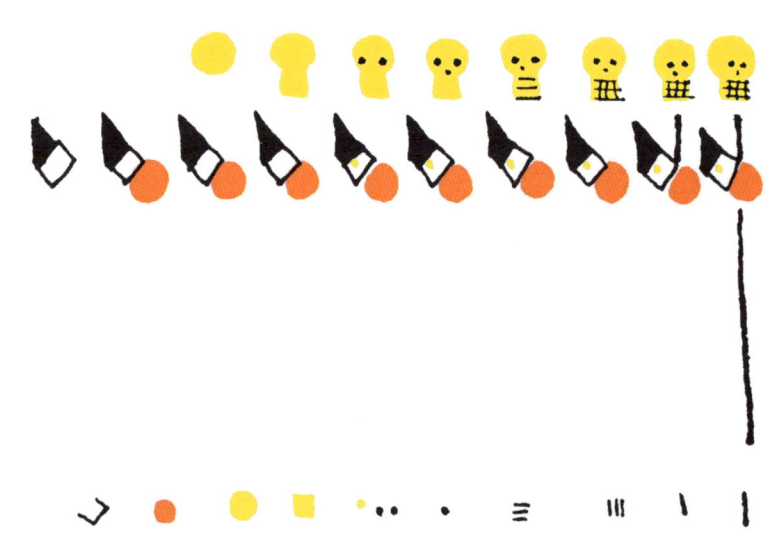

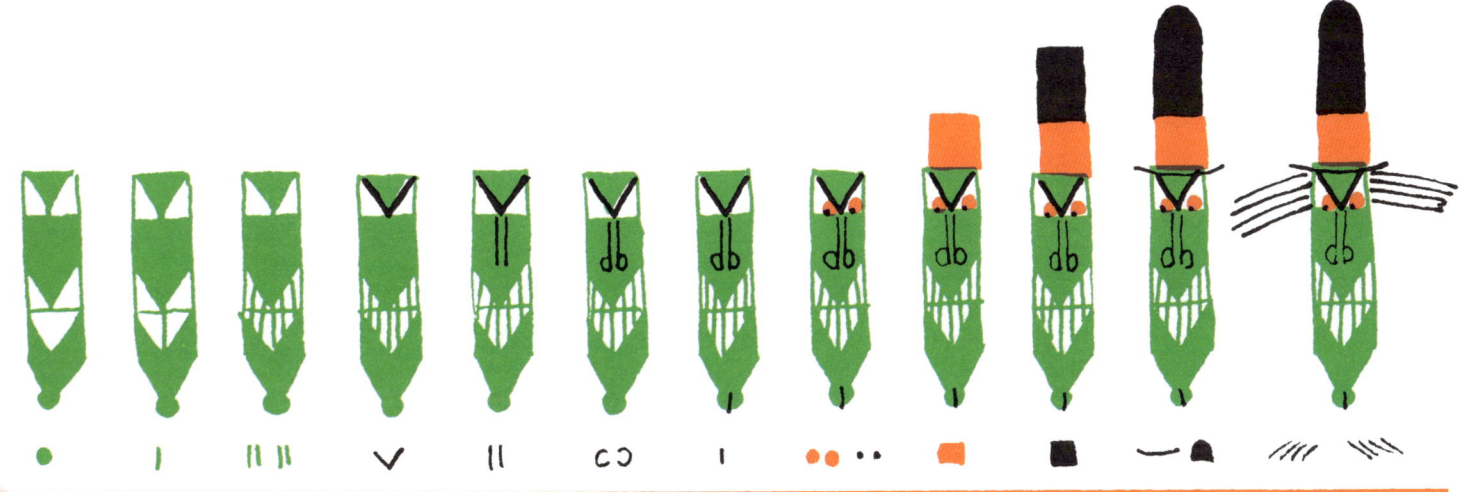

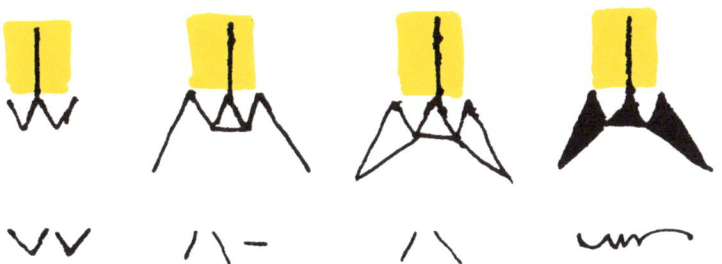

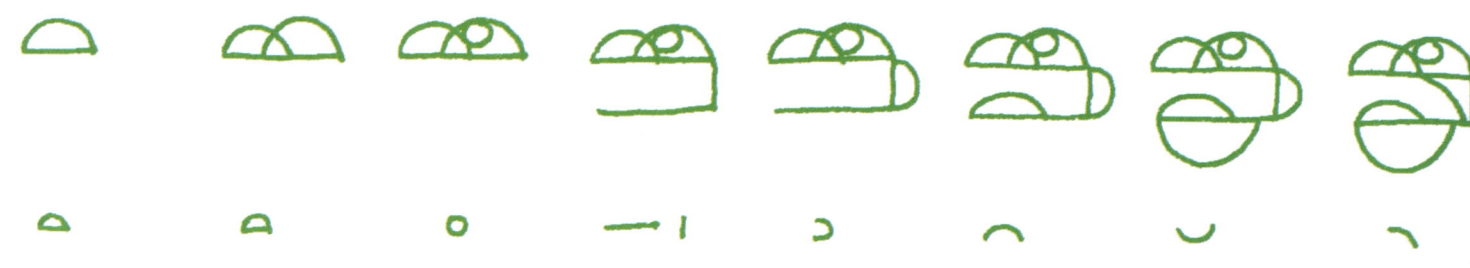

KING KONG

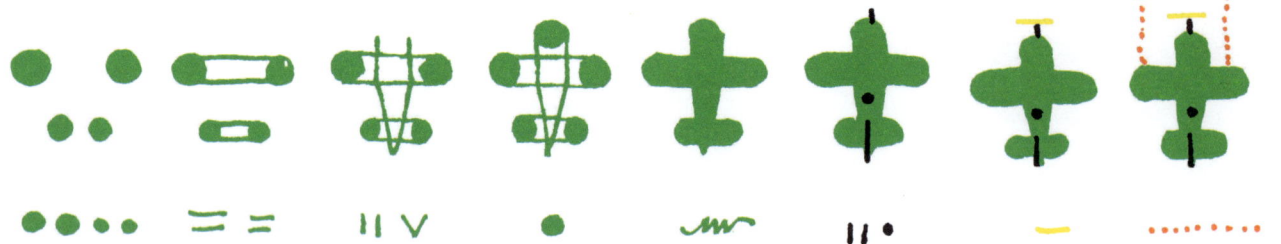

DOUTOR HIDE

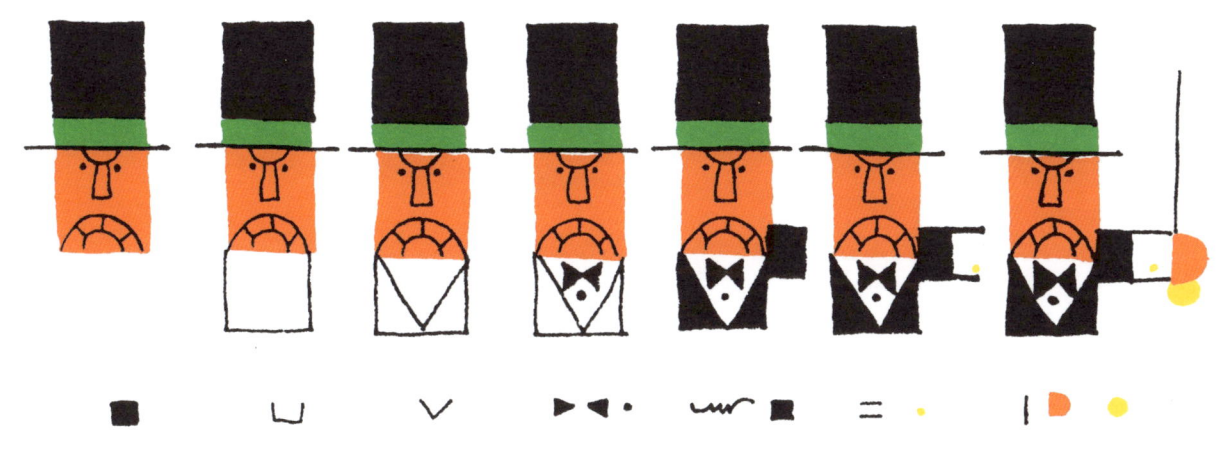

SOBRE O AUTOR

Ed Emberley nasceu em Massachusetts, nos Estados Unidos, em 1931. Ilustrou mais de cem livros infantis e é autor de várias obras para crianças. Para esse jovem vovô todo mundo pode ser artista, por isso seus livros ensinam a desenhar de um jeito bastante simples. Junto com outras honrarias, Ed recebeu o Prêmio Caldecott, um dos mais importantes da literatura infantil, e participa da Lista de Notáveis da Associação da Livraria Americana. No Brasil foram publicados os livros *Desenhando com os dedos*, *Desenhando animais* e *Desenhando faces*, todos pela Panda Books.